CHRONIQUE THÉATRALE

LA *Revue du Lyonnais*, depuis plus de quarante ans qu'elle existe, après s'être renouvelée comme les hommes et les choses bien souvent, avoir passé de l'enthousiasme juvénile à la maturité, a su toujours, au milieu de ses transformations diverses, ne pas laisser dépérir, par les productions qu'elle a données, les facultés brillantes ou tendres, rêveuses d'ici-bas, l'imagination, l'âme, comme aussi la sience, l'art l'histoire qui font, à tout bien prendre, l'honneur et la consolation de la vie.

Aussi bien n'a-t-elle jamais oublié de s'occuper de dire son mot, sa pensée sur le Théâtre, qui est, surtout dans notre siècle, le moyen le plus habituel dont se sert l'art pour s'exprimer, et qui serait le meilleur s'il n'en était que trop souvent banni et rejeté. Cependant, depuis quelques années, pour des motifs qu'il serait inutile de faire connaître, mais sérieux, la *Revue* avait dû s'abstenir, et elle gardait le silence comme à regret. Aujourd'hui que plus rien ne s'oppose à ce qu'elle parle, elle reprend gaîment son ancienne tâche, et, comme autrefois, elle offre à ses lecteurs une chronique théâtrale.

— Et, tout d'abord, elle souhaite la bienvenue au successeur de M. Aimé Gros, qui a commencé son œuvre par où beaucoup l'achèvent. Nous voulons dire par une bonne action : — c'est de bon augure.

M. Marck nous vient de Lille, où il a laissé d'unanimes regrets, et la double réputation d'artiste et d'administrateur excellent, qu'il s'est empressé de justifier en venant parmi nous.

Dès son arrivée, sans tenir compte des usages reçus, des traditions et de la routine employée par son prédécesseur, il a voulu lui-même, sans se remettre de ce soin à personne, diriger notre scène des Célestins — choisir les pièces, les étudier au point de vue scénique, les mener, en surveiller les répétitions, conseiller les artistes et montrer qu'il peut être au besoin un des leurs. — En un mot, il a mis lui-même la main à la pâte, persuadé que rien ne vaut le travail qu'on fait soi-même.

Cette sage idée de réforme en a amené une autre. — M. Marck vient de décider qu'une soirée au moins, par semaine, sera consacrée au théâtre classique. Cette résolution lui fait honneur et prouve en faveur de son goût littéraire et de ses préoccupations artistiques. Rien ne saura, croyons-nous, être plus profitable aux artistes que d'étudier les chefs-d'œuvre de nos grands auteurs et au public lyonnais que de les entendre. Ce dernier sera amené par là à se purifier le goût qu'il perd de plus en plus et à ne plus faire seulement l'objet de ses délices les flons-flons de l'opérette et les scènes grotesques de certains vaudevilles et de certains drames à grands ramages qui ne signifient absolument rien. — Le théâtre pourra reprendre ainsi ses anciens droits et poursuivre son véritable but.

Pourquoi faut-il que nous ayons à enregistrer que la première épreuve n'a pas réussi aussi bien qu'on l'aurait désiré ? La salle qui était pleine la veille (on jouait les *Cloches de Corneville*, ou *Fleur de thé*) était ce jour-là des moins garnies. — Nous savons bien que la journée qui avait été accablante y était pour quelque chose, et que tout le monde désertait ce soir-là les établissements publics pour se porter soit au Parc, soit à notre promenade de Bellecour ; néanmoins nous aurions dû venir en plus grand nombre saluer la résurrection du vieux répertoire, saluer Molière qui revenait reprendre ses droits avec le *Dépit amoureux* et le *Médecin malgré lui*. — Deux chefs-d'œuvre.

Connaissez-vous quelque chose tout à la fois de plus comique et de plus touchant que cette première pièce ? — Quelles scènes de vraie comédie ! que de beaux vers et d'aisance dans leur facture et la rime que Molière trouvait si vite et Boileau si lentement. Comme cette langue que ce grand maître parle est claire, nette, bien frappée ; comme aussi elle est bonne fille, vive, alerte, gaillarde, franche, point bégueule, surtout ! car Molière est de ceux qui osent tout dire et qui disent bien. — S'il a une grosse vérité sur le cœur, un ridicule à rendre, ne croyez pas qu'il hésite — il ne marchandera pas et n'emploiera pas ces biais, ces chemins de traverse, ces détours, ces sous-entendus à la mode aujourd'hui et à la faveur desquels passent les plus grosses et les plus monstrueuses obscénités. — Lui, il prend toujours la grande route ; il trouve le mot propre et il s'en sert justement, proprement et quand il convient. Mais surtout, chez lui, quelle profonde connaissance des mystères et des agitations du cœur humain, de ses caprices, de ses défaites et de ses retours soudains ! Quoi de plus touchant et de plus vrai que cette scène du *donec gratus eram*, cette scène où Lucinde et Eraste refont, chacun à leur tour, les premières strophes de l'ode immortelle d'Horace jusqu'à ce que ce dernier arrive au : *Quid ! si prisca redit Venus*, que Molière a rendu si bien et que M. Fleury-Gœury dit si mal :

> Mais si mon cœur encor revoulait sa prison,
> Si tout fâché qu'il est, il demandait pardon ?

A quoi Lucinde, c'est-à-dire Mlle Jeanne Brindeau répond :

> Non, non, n'en faites rien ; ma faiblesse est trop grande,
> J'aurais peur d'accorder trop tôt votre demande.
> . . . .
> Remenez-moi chez nous.

— Cela est de tous les temps. —

Et le *Médecin malgré lui*, cette comédie bouffonne où Molière a mis en riant au front du charlatanisme la marque ineffaçable du Ridicule, — cette charmante bouffonnerie que tout le monde connaît, et dont on cite dans la conversation, sans le savoir, sans le vouloir même, des phrases, des scènes presque entières, tant elles sont justes et encore vraies pour nous.

Les rôles, dans ces deux pièces, nous voulons dire les principaux, car des autres nous n'en parlerons pas, pour n'avoir pas à dire des choses désagréables, ont été convenablement tenus.

M. Didier ferait un excellent Gros-René, s'il ne chargeait pas trop ce personnage, qui est comique sans être grotesque. Qu'il soit plus sobre et contienne un peu sa nature drolatique, trop riche peut-être et qui dépasse le but souvent en voulant trop bien l'atteindre. — Nos compliments pour sa fameuse tirade sur les femmes qu'il a dite très-bien, quoique en se pressant un peu trop.

Mlle Brindeau tient fort gentiment le rôle de Lucinde. — Elle a bien compris le caractère de la charmante création de Molière; — d'ailleurs elle est jolie comme on doit l'être et a le désir de bien faire — ce qui vaut mieux encore. — On comprend qu'elle plaise à Eraste, qui ne nous plaît pas du tout.

M. Riga est un excellent artiste. — Le genre classique convient bien à son tempérament. Il a rendu et très-bien compris, excepté au premier acte, où il n'est pas, qu'il nous passe l'expression, assez niais, assez villageois, le rôle de Sganarelle; — ce fameux médecin malgré lui qui est gai tant qu'on veut, amoureux au besoin, surtout quand il s'agit de Jacqueline, et rond, entraînant, aimable, intéressé et intéressant à l'avenant. — Si M. Riga tient tout ce qu'il promet et s'il peut surtout se délivrer de cet enrouement regrettable autant pour lui que pour le public, nous lui assurons un succès continu et certain. —

Mme Leriche (Marinette, Jacqueline) est tout simplement une délicieuse soubrette. — Elle arrive aux meilleurs effets par les moyens les plus simples et c'est la bonne manière; personne n'est mieux dans ces rôles qu'elle, et personne n'a été plus applaudie.

Que diable venait donc faire, dans le *Médecin malgré lui*, Mlle Laure Jaume? — Martine? — Oh! que non pas.

Félix DESVERNAY.

Lyon. — Imp. Mougin-Rusand, rue Stella, 3.

CHRONIQUE THÉATRALE

OUVRONS notre chronique par une bonne nouvelle. M. Emile Augier nous rend enfin son répertoire, qu'il avait cru devoir interdire, à la suite de différends qui s'étaient élevés entre lui et la direction précédente (direction Gros-Maurel) et que nous n'avons pas à apprécier ici. Voici la lettre qui lève l'interdiction. Comme elle nous parait significative et donne une sanction précieuse à tout le bien que nous avons dit et que nous pensons de M. Marck, comme artiste et comme administrateur, nous nous faisons un devoir de la reproduire *in extenso*.

Croissy, par Chatou (Seine-et-Oise), 3 juillet.

Mon Cher Monsieur Marck,

« Brindeau a dû vous dire combien je suis enchanté d'avoir affaire à vous, et, s'il vous l'a dit dans les termes mêmes dont je me suis servi, votre modestie seule en a pu souffrir.

« Je regrette seulement que votre nouvelle situation vous empêche de prêter l'appui de votre talent d'acteur aux pièces que vous montez ;

mais je ne doute pas que l'acteur transparaisse sous le directeur et ne donne une bonne impulsion artistique à ses pensionnaires.

« Quand j'aurai une pièce nouvelle, je vous la confierai en toute sécurité.

« Agréez, cher Monsieur Marck, l'expression de mes sentiments les plus distingués et les plus sympathiques. »

Ajoutons que cette faveur ne pouvait être sollicitée et obtenue que par celui qui a compris enfin et fait comprendre au public (ce qui n'était pas le plus facile de l'affaire) que le Théâtre des Célestins n'est pas seulement un café-concert, une sorte de casino, ou bien un établissement de banque institué uniquement pour payer tous les ans une rente viagère fabuleuse à MM. Lecocq, Planquette, Offenback et Cie, comme l'avait imaginé naïvement, pour ne rien dire autre, M. Aimé Gros ; mais que c'est avant tout et par-dessus tout la maison de Molière, de Racine, de Corneille, de Regnard, de Beaumarchais, de Musset, la demeure de MM. Augier, Dumas, Sardou et des grands maîtres de l'art dramatique à notre époque.

Nous pouvons être sûrs maintenant que l'opérette, qu'il ne faut pas oublier pourtant, car ce serait méconnaître le goût de certains, sera remis à sa juste place et n'occupera plus l'affiche comme précédemment, les trois quarts de l'année. Le public lyonnais, dont on avait faussé les tendances depuis quelque temps, mais qui a gardé encore le sentiment des belles choses, a prouvé déjà combien il s'associait à l'entreprise généreuse du directeur de nos théâtres municipaux. Malgré les préjugés répandus comme à plaisir sur les pièces du répertoire classique, et que n'avait pas peu contribué à développer la tactique employée par l'administration précédente, Molière qui a reparu avec le *Dépit amoureux* et le *Médecin malgré lui*, a été salué avec enthousiasme. Tous les soirs où l'on fête ce grand maître, il semble qu'un parfum de franc rire et de bonne humeur est comme répandu dans la salle. On écoute avec respect, avec amour, cette grande et belle langue d'autrefois. Habitué qu'on était à oublier l'auteur du *Misanthrope*, il y eut, il est vrai, à la première représentation, ainsi que nous l'avons dit, comme un certain étonnement, et il semblait que l'esprit lyonnais, distrait, avait peine à se ressaisir et à reconnaître dans Molière le plus grand génie de la France, le plus aimé, celui à qui, dans aucun pays, chez aucun peuple, personne n'a pu être comparé. Mais cette première inquiétude a été bien vite dissipée, on s'est vite fait à ces spirituelles saillies, à ces bons mots, à ce dialogue entraînant, à ces scènes, à ces peintures immortelles de notre grand poète comique, et toute la salle a répondu par des bravos répétés, aux accents de la belle et vieille gaîté française, dont les œuvres de Poquelin sont en quelque sorte la suprême incarnation.

Après Molière, c'est Racine qui a son tour. Le 12 de ce mois, avec le *Dépit amoureux* (reprise) et *M. de Pourceaugnac*, on donnait au théâtre des Célestins les *Plaideurs*, et malgré quelques faiblesses dans l'interprétation, disons-le tout de suite, cette charmante comédie a obtenu un véritable succès. La salle était convenablement garnie, et tout ce que notre ville compte de notabilités dans les arts, dans la presse, dans la littérature s'y était donné rendez-vous. Nous avons remarqué même nombre de magistrats qui, sans rancune, sont venus rire du ridicule dont Racine les a, mais avec tant de bonne humeur, si malicieusement revêtus. Il est d'ailleurs des peintures dont il ne reste plus qu'à rire, quand il n'est pas possible de s'en fâcher. Les *Plaideurs* sont une œuvre de ce genre.

Tout le monde sait que l'illustre tragique ne fit cette pièce que par hasard, par dépit, et pour se consoler de la perte d'un procès, dont voici, d'après un récit du temps, le sujet. Racine avait un oncle religieux qui lui avait résigné un prieuré de son ordre, dans l'espérance que son neveu en prendrait l'habit. Le poète accepta le bénéfice, mais ne se pressa pas de se faire moine, de sorte qu'à la fin un régulier lui disputa le prieuré et l'emporta. Les *Plaideurs* sont nés de cette vengeance du poète, contre ses juges; heureuse vengeance, qui nous a valu une œuvre unique dans notre littérature et qui prouve que Racine aurait pu, s'il l'eût voulu, aborder tous les genres et y réussir. Pourquoi, dans notre siècle, n'essaye-t-on pas plus souvent cette manière de se venger, la seule permise, croyons-nous.

Cette pièce fut écrite en partie dans un cabaret fameux, à l'enseigne du *Mouton*, où s'assemblaient pour rire et inventer d'ingénieuses folies : Chapelle, ce grand boute-en-train, Boileau, Furetière, Lafontaine, Racine et quelques autres seigneurs et personnes d'élite. Les types, comme bien on pense, furent pris sur le vif, et un conseiller au parlement, habitué lui aussi de ce joyeux cénacle, M. de Brillac se chargea d'apprendre à Racine les termes du barreau et cette langue étrange de la chicane à laquelle il n'entendait rien, heureusement.

La pièce qui fut donnée au théâtre, en 1668, n'obtint, le croirait-on, qu'une médiocre faveur aux premières représentations. Il fallut que Louis XIV, devant qui les comédiens représentèrent cette pièce à Versailles, un mois après son apparition, en rît beaucoup et la trouvât excellente, pour que le parterre se décidât à convenir qu'il avait tort. En ce temps-là, on croyait encore à la parole des rois ; depuis nous avons changé tout cela, et c'est peut-être un bien que cela soit. En tous cas, le public eut raison d'écouter le jugement du protecteur de Molière, car ce jour-là, il eut plus de goût que lui.

Nous avons dit que l'interprétation présente, malgré le succès, avait laissé à désirer. Il est malheureusement trop vrai que M. Fillod, dans le rôle de Chicanneau et Mme Laure Jaume, dans celui de la comtesse, sont par trop insuffisants. Ni l'un ni l'autre n'ont le sentiment de leur sujet. Mme Laure Jaume ressemble à tout ce qu'on voudra, à une maraîchaire en dimanche, si vous voulez, mais non pas à la *comtesse de Pimbesche*, dont elle remplit soi-disant la place.

Voyons, M. Marck, une question : Est-ce qu'il y aurait

un grand inconvénient à ce que M. Belliard, si aimé du public et avec tant de raison, prît la place de M. Fillod, qui ne doit pas bien tenir à son personnage, puisqu'il le rend mal ?

Nous pourrions bien nous plaindre quelque peu de M. Duhamel, qui n'a pas rendu avec toute l'insolence et la crânerie désirable le rôle de *Petit-Jean*, mais cela provient peut-être de l'hésitation inséparable d'un premier début dans ce genre; nous l'attendons aux représentations suivantes.

Ces réserves faites, disons tout de suite que les autres interprètes de la pièce ont été excellents. M. Delorme n'est point mauvais dans son rôle d'amoureux, et Mlle Jeanne Brindeau, qui est toujours une gracieuse personne, fait une douce Isabelle.

M. Cornaglia est un artiste sérieux qui mérite d'être étudié et sur lequel partant nous reviendrons. Il a rendu, avec beaucoup de vérité, le type et le caractère de Perrin-Dandin. Néanmoins marque-t-il peut-être un peu trop chaque mot qu'il prononce. Frapper ainsi chaque syllabe, n'est pas sans doute un défaut, et si c'est un défaut, M. Didier devrait bien quelquefois se donner celui-là, car c'est le meilleur moyen de ne pas manger ce qu'on dit et de se faire entendre. Cependant, M. Cornaglia exagère, et cela ôte à son débit le naturel, le charme. Qu'il n'oublie pas que le père de Léandre est un vieillard, et que dans les *Muscadins*, le vieux marin breton, dont il tient fort bien le rôle du reste, quoique énergique, n'a pu et ne saurait parler avec tant d'emphase. La langue employée par Jules Claretie, dans ce drame, est déjà assez emphatique par elle-même sans y rien ajouter.

Nous avons entendu, il y a quelques jours, critiquer vivement quelques-uns des artistes auxquels M. Marck a confié les principaux rôles du répertoire classique, et ces critiques portaient surtout, nous ne craignons pas de le dire, sur le meilleur de tous, sur M. Riga. On lui reprochait de manquer de naturel, de charger trop son rôle, de faire des gestes désordonnés, de renfler sa voix pour la diminuer presque aussitôt. Ces prétendus défauts sont pour nous tout autant de sérieuses qualités qu'on lui reconnaît sans le vouloir, surtout celle d'avoir bien compris le type de Sganarelle, qui précisément parce qu'il est médecin d'occasion, par la faute de sa femme (les femmes en font commettre souvent), doit être précisément exagéré en tout et pour tout, exagéré dans ses mouvements, dans son langage, dans ses actions, forçant la note, comme tous ceux qui n'étant pas d'un métier, font tout pour persuader aux autres et se persuader à eux-mêmes qu'ils en sont.

Dans le rôle de l'*Intimé*, rôle ingrat, écrasant, M. Riga s'est révélé à nous comme un grand artiste. On ne peut pas être plus maître de son sujet et déployer plus de sérieuses qualités. M. Riga a sans doute peu de voix, mais que de ressources il sait trouver dans la faiblesse de son organe.

Nous félicitons M. Marck d'avoir su s'attacher un artiste de cette valeur.

Nous renvoyons à notre chronique du mois prochain l'examen d'autres pièces excellentes, telles que les *Vieux garçons*, les *Muscadins*, le *Testament de M. Girodot*, la *Nuit d'octobre*, le *Roi s'amuse*, la *Princesse Georges*.... toutes très-bien jouées, dont le manque d'espace nous oblige à ajourner l'appréciation.

Félix DESVERNAY.

(Extrait de la Revue du Lyonnais de Juillet 1879).

LYON. — IMP. MOUGIN-RUSAND, RUE STELLA, 3

www.ingramcontent.com/pod-product-compliance
Lightning Source LLC
Chambersburg PA
CBHW071444060426
42450CB00009BA/2300